STAHLLAND AMERIKA

Von

OTTO VON HALEM

Leiter der Beratungsstelle für Stahlverwendung, Düsseldorf

2. Auflage

M. KRAYN / TECHNISCHER VERLAG G.M.B.H. / BERLIN W

VORWORT.

Vor wenigen Wochen bin ich von einer Studienreise durch die Vereinigten Staaten von Amerika zurückgekehrt.

Die Fortschritte, die dort auf nahezu allen Arbeitsgebieten zu beobachten waren und welche zum großen Teile durch eine immer zunehmende Verwendung des Werkstoffes unseres Zeitalters, des Stahles, ermöglicht sind, erscheinen mir von solcher Bedeutung auch für unser Wirtschaftsleben, daß ich es nicht unterlassen möchte, einige besonders bemerkenswerte Neuerungen weiteren Kreisen mitzuteilen.

Da die wissenschaftliche Überprüfung und Auswertung des umfangreichen Materials noch viele Monate in Anspruch nehmen wird, so erschien es ratsam, schon jetzt einen knappen Überblick über die gesammelten Erfahrungen und Eindrücke zu geben. Es konnte unter diesen Umständen nur das Wichtigste kurz behandelt werden. Zu ausführlicher Auskunft hält sich jedoch die Beratungsstelle für Stahlverwendung, Düsseldorf, Stahlhof, zur Verfügung.

Es ist mir ein Bedürfnis, zahlreichen amerikanischen Freunden, insbesondere Mr. Charles F. A b b o t t, leitendem Direktor des American Institute of Steel Construction, und allen Herren seines Stabes meinen aufrichtigsten Dank auszusprechen, für ihre nie ermüdende Hilfsbereitschaft und die tatkräftige Unterstützung, welche sie mir erwiesen haben. Nur die mir von allen Seiten zu Teil gewordene Förderung hat es mir ermöglicht, in verhältnismäßig knapper Zeit einen Überblick über viele Gebiete zu gewinnen, deren Studium auch für uns wertvolle Lehren ergibt.

Otto von Halem.

Düsseldorf, im Dezember 1930.

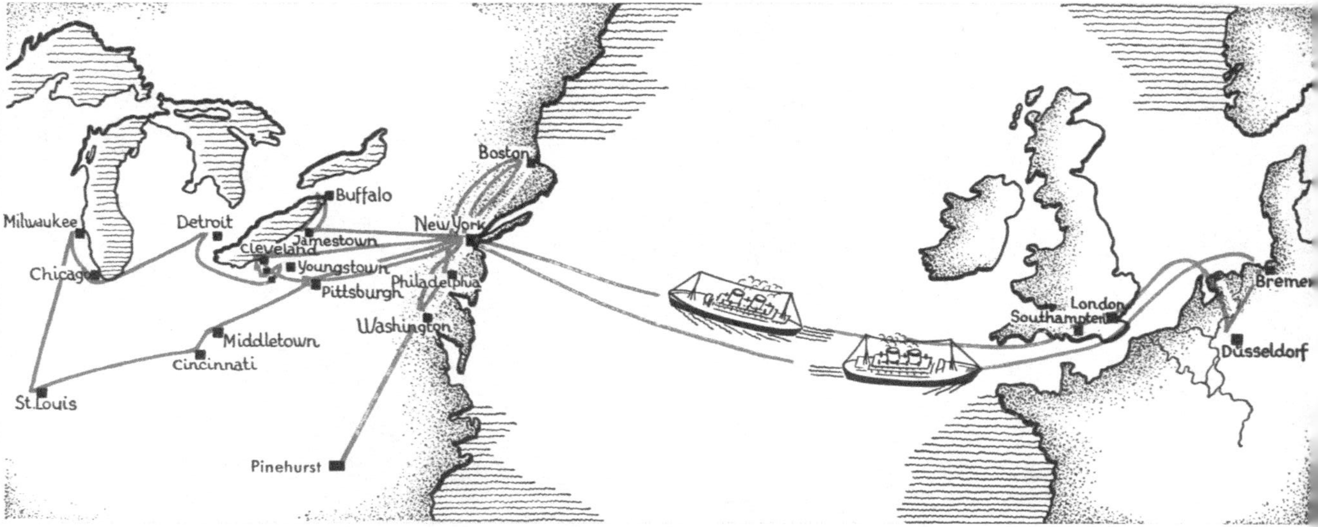

Übersichtsplan der Reiseroute des Verfassers.

Wer Amerika aus früheren Zeiten kennt und es im Abstand von einigen Jahren wieder besucht, ist jedesmal wieder überrascht über die tiefgreifenden Veränderungen, die inzwischen eingetreten sind.

Dies gilt nicht nur äußerlich, wie z. B. für die Städtebilder. Als ich vor vier Jahren in New York war, war die City auf der südlichen Spitze der Insel Manhattan der Mittelpunkt des Geschäftslebens und hier drängten sich die ungeheuren Wolkenkratzer zusammen, die der Stadt das Gepräge gaben. Als ich jetzt vor einigen Monaten wieder nach Amerika fuhr, war nicht nur die Silhouette der City durch die zahlreichen Neubauten so verändert, daß man das frühere Bild nicht mehr wiedererkennen konnte, sondern ein ganz neues Wolkenkratzer-Viertel, riesenhafter als das alte, war oben in der Stadt in Höhe der 35 — 55. Straße inzwischen entstanden. Hier sind die Riesen unter den Gebäuden das Chysler Building, das Bank von Manhattan Building und das noch nicht ganz vollendete größte, das Impire State Building hochgewachsen (Bild 1 und 2).

Die Architektur dieser Wolkenkratzer zeigt gegenüber der alten Gebäude eine ganz neue Note. Man verbirgt das Stahlskelett nicht mehr unter Stilformen, die den verschiedensten Zeitaltern entlehnt sind, sondern man betont bewußt die vertikale und horizontale Linie, man schafft einen neuen Stil, der aus den besonderen Eigenschaften des Baustoffes Stahl entwickelt ist und der den amerikanischen Städten eine eigenartige Schönheit zu geben beginnt; diese Schönheit entwickelt sich freilich erst, sie wird aber sicherlich nicht ohne tiefen Einfluß auf die Architektur Europas und der übrigen Welt bleiben.

Neben diesen Anzeichen einer Wandlung des ästhetischen Gefühls ist auch auf manchen anderen Gebieten eine veränderte geistige Einstellung zu beobachten.

So waren früher, insbesondere vor dem Kriege, Interesse und Verständnis für europäische Dinge kaum vorhanden und soweit man sich überhaupt mit Dingen befaßte, waren die Vorstellungen oft sehr kindlicher oder grotesker Art. Das ist heute anders geworden. In allen Kreisen ist das Verständnis für weltpolitische- und wirtschaftliche Fragen gewachsen. Ich wurde z. B. von den verschiedensten Seiten gebeten, Ansprachen und Vorträge über deutsche Verhältnisse zu halten, die von der Presse in ausführlicher und sympathischer Weise besprochen wurden. Man kann heute ein wachsendes Verständnis für Deutschland feststellen, dessen Energie bei Überwindung der ungeheuren Nachkriegsschwierigkeiten man zu würdigen beginnt.

Das zunehmende Interesse für weltwirtschaftliche Zusammenhänge zeigt sich u. a. auch darin, daß man anfängt, die Frage der Streichung der Kriegsschuld offen zu diskutieren. Auf der Jahresversammlung des „American Institute of Steel Construction" in Pinehurst in North Carolina, an der ich teilnahm, befürwortete der leitende Direktor des Instituts, Mr. Abbot, offen die Erleichterung der Kriegsschulden. Das wurde mit Beifall aufgenommen und auch in der Presse vielfach in zustimmendem Sinne besprochen. Natürlich trägt die schwere Wirtschaftskrise — die

Bild 1.

Bild 2.

Bild 1.
Das Chrysler Building, erbaut 1930.
Architekt William Van Allen.
Gesamthöhe 312 m, davon ist die 53 m hohe Turmspitze mit Nirosta-Stahl eingedeckt.

Bild 2.
Bureaugebäude 120 Wallstreet, New-York.

schwerste und längste die Amerika bisher kennen gelernt hat — dazu bei, das Nachdenken über die wirtschaftlichen Ursachen anzuregen.

Die Arbeitslosigkeit ist sehr groß. — Die Schätzungen der Zahl der Arbeitslosen schwanken zwischen 4 und 7 Millionen. Da keine Statistik darüber geführt wird, ist es sehr schwer, den tatsächlichen Stand kennen zu lernen. Jedenfalls ist die Zahl aber außerordentlich hoch und ich habe selbst in zahlreichen Werken beobachten können, daß mit halber Schicht und weniger gearbeitet wird. Vielfach arbeitet man nur an zwei oder drei Tagen der Woche. Nachdem die zuversichtlichen Voraussagen, die ein baldiges Ende der Krise in Aussicht stellten, sämtlich fehlgegangen sind, ist man skeptisch geworden. Freilich ist der Amerikaner zu optimistisch und tatkräftig, um sich entmutigen zu lassen, und man rechnet zuversichtlich mit einer baldigen, spätestens im Frühjahr einsetzenden Besserung der Wirtschaftslage, wenn auch Stimmen laut werden, die eine volle Rückkehr der bisherigen Prosperität erst für eine viel spätere Zukunft in Aussicht stellen.

Unter den innerpolitischen Fragen steht die Prohibition heute im Vordergrunde. Von den Gegnern der Prohibition wird auf die schweren schädlichen Folgen der Prohibition hingewiesen, die einmal in einer Demoralisierung der oberen Gesellschaftsschichten bestehen solle. In diesen Kreisen habe die Prohibition gerade zum Gegenteil des damit bezweckten Erfolges geführt und es würde eine offene Verachtung des Gesetzes großgezogen, die für jedes Staatswesen natürlich außerordentlich bedenklich sei. Ebenso bedenklich ist das Heranwachsen eines skrupellosen Verbrechertums, — man denke an Chicago — das durch Alkoholschmuggel ungeheuer reich geworden sei und alle Mittel der Korruption anwenden könne. Es ist bezeichnend, daß diese Kreise heute die schärfsten Gegner der Aufhebung der Prohibition sind.

Andererseits ist es eine Tatsache, die mir von führenden Persönlichkeiten der Stahlindustrie, die zum Teil selbst keineswegs Alkoholgegner sind, wiederholt bestätigt wurde, daß die Arbeiterschaft heute nicht nur viel besser daran ist, als früher und große Sparkassenguthaben besitzt, sondern auch erheblich leistungsfähiger ist, was durch die Statistik bestätigt wird.

So versteht man, daß der Kampf um die Prohibition von beiden Seiten mit großer Erbitterung geführt wird und daß er selbst die beiden alten historischen Parteien der Republikaner und Demokraten zu spalten droht. Ob eine Aufhebung oder besser eine Milderung — denn den alten verderblichen „s a l o o n", die Kneipe, wünscht keiner zurück, — durchgesetzt werden wird, ist sehr zweifelhaft. Man muß nicht vergessen, daß vor der allgemeinen Einführung der Prohibition sich bereits 17 Staaten dafür entschieden hatten und man muß jedenfalls den hohen moralischen Antrieb anerkennen, der ein großes Volk dazu veranlaßt hat, sich freiwillig eine solche Beschränkung der persönlichen Freiheit aufzuerlegen.

STAHLVERBRAUCH IN U. S. A.

Welchen Anteil die amerikanische Stahlindustrie an der beispiellosen industriellen Entwicklung der letzten Jahrzehnte hat, geht aus den nachfolgenden Ziffern hervor.

In den Vereinigten Staaten wurden in den über 100 Jahren seit Beginn der amerikanischen Stahlerzeugung bis Ende 1929 etwas über 1 Milliarde to. Stahl hergestellt. Davon entfällt die Hälfte von etwas über 500.000.000 to auf die 12 Jahre seit 1917 (Bild 3). Interessant ist dabei die gemachte Beobachtung, daß der Stahlverbrauch keineswegs durch die zunehmende Bevölkerungszahl beeinflußt worden ist. Es sind vielmehr ganz andere Momente für den Mehrverbrauch ausschlaggebend gewesen. So hat die sich seit dem Jahre 1900 kräftig entwickelnde Automobilindustrie die Zunahme des Stahlverbrauchs in ganz ungewöhnlichem Maße beeinflußt.

So marschieren die Vereinigten Staaten nicht nur in Bezug auf die Erzeugung, sondern auch in Bezug auf den Verbrauch an der Spitze aller übrigen Länder der Welt.

Es beträgt der pro-Kopf-Verbrauch der Vereinigten Staaten 450 kg, Belgiens und Luxemburgs 425 kg, Englands 264 kg, Deutschlands 198 kg und Frankreichs 136 kg. (Bild 4.)

Was aus der amerikanischen Rohstahlerzeugung von 54.685.000 to im Jahre 1929 geworden ist und wie sie sich schließlich auf die weiterverarbeitenden Industrien verteilt, zeigt eine andere Darstellung (Bild 5). Bemerkenswert ist dabei, daß die Eisenbahn, die die erste Stelle an die Automobil-Industrie verloren hatte, diese Stellung im Jahre 1929 wiedergewonnen hatte, obwohl die Automobil-Industrie in diesem Jahre die höchste Verbrauchsziffer ihrer Geschichte erreicht hat.

Gas-, Wasser- und Öl-Industrie zeigt eine Zunahme gegenüber 1928 von 807.030 to, wovon 459.370 to

Röhren und 241.554 to Grobbleche sind. Hierin spiegelt sich die außerordentlich starke Entwicklung der Röhrenleitungen für Öl, natürliches Gas und Gasolin wieder, ebenso eine Überproduktion, die eine Lagerung in größerem Umfange möglich gemacht hat.

Eine interessante Tatsache ist, daß heute neben dem Stahl noch in Amerika 150000 to Puddeleisen im Handpuddelverfahren gewonnen werden, für das immer noch Nachfrage besteht, insbesondere von den Eisenbahnen für gewisse Bolzen, Schrauben usw. Inzwischen ist die absterbende Schweißeisen-Industrie durch Erfindung eines neuen Verfahrens — des Aston-Verfahrens — zu neuem Leben erweckt worden.

Schweißeisen ist eine mechanische Mischung, nämlich von metallischen Beimengungen gereinigtes Eisen und Schlacke, die dem Schweißeisen eine „fibröse" Natur gibt und es widerstandsfähig gegen Rost und mechanische Einflüsse macht. Während beim Puddelverfahren dem Eisen diese Eigenschaften in einem einzigen Verfahren gegeben werden, wird beim Aston-Verfahren das Roheisen im Kupolofen geschmolzen und im Bessemer-Verfahren gereinigt, während die Schlacke gesondert im Siemens-Martin-Ofen erzeugt wird. Das Eisen wird sodann in feinem Strahl in die Schlacke gegossen, wodurch ein Schwamm entsteht mit allen wesentlichen Eigenschaften des Puddeleisens.

Es werden heute nach amerikanischer Angabe 500.000 to. Schweißeisen gewonnen. Die A. M. Beyers Co. in Pittsburgh, die Inhaberin des Prozesses soll jährlich etwa 70.000 to schweißeiserner Röhren herstellen können.

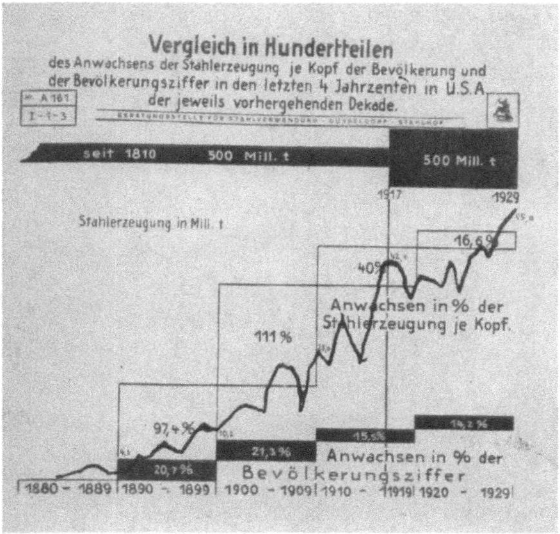

Bild 3.

Bild 4.

Bild 4.
Stahlverbrauch je Kopf der Bevölkerung 1929 in den bedeutenderen Industriestaaten.

Der Verbrauch von Stahlblechen und Bandstahl für Büromöbel betrug im letzten Jahre über 300.000 to. Die jährliche Produktion an Stahlfenstern stellt einen Wert von 50 000 000 Dollar dar.

AMERIKANISCHE EDELSTAHL-ERZEUGUNG.

Man kann über die amerikanische Stahlindustrie nicht sprechen, ohne die legierten Stähle zu erwähnen. Mit einer Schnelligkeit, die man drüben als geradezu dramatisch bezeichnet, ist in letzter Zeit die Bedeutung der legierten Stähle gewachsen. Es ist anzunehmen, daß diese Stähle in Zukunft eine immer größere Bedeutung gewinnen werden. Schon heute spielen rostwiderstandsfähige Stähle im Bauwesen eine wichtige Rolle. Auf der National Metal-Exhibition von Chicago hatten in diesem Jahre 15 Aussteller legierte Stähle ausgestellt, gegen drei Aussteller im vorigen Jahre. Besonders die Republic Steel Corporation, die ein neues 15 Millionen-Dollar-Bauprogramm durchführt, widmet sich der Produktion solcher Spezialstähle, insbesondere der Chromnickelstähle.

Wie hoch die Jahresproduktion von legierten Stählen tatsächlich ist, läßt sich schwer genau feststellen. Die offiziellen Ziffern geben sie sie mit 3.500.000 to an, doch sind hierin z. B. teilweise auch kupferlegierte Stähle enthalten, während diese von einigen Werken nicht unter dieser Rubrik gemeldet werden.

Jedenfalls kann die heutige Produktion den Bedarf nicht decken und es sollen erhebliche Mengen eingeführt werden.

Rostwiderstandsfähigkeit läßt sich übrigens außer durch Legierung mit besonderen Metallen auch umgekehrt durch Entziehung der Beimengungen des Eisens erreichen. Es wird oft übersehen, daß das Rosten nicht eine Eigentümlichkeit des Eisens als solchem ist, sondern daß es nur durch die elektrolytischen Beziehungen zwischen dem Eisen und seinen Beimengungen zustande kommt. Auf dieser Erkenntnis beruht die Herstellung des sogenannten Armco-Eisens der American Rolling Mills Corporation in Middletown, Ohio, das ein chemisch fast reines Eisen darstellt, das übrigens heute auch in Deutschland erzeugt wird. Der Verfasser sah bei diesem Werke ein Stückchen aus der eisernen Säule von Delhi in Indien, die bereits vor 1500 Jahren errichtet wurde und die heute noch allen Rostangriffen unverändert trotzt. Die Analyse ihres Materials zeigt, daß es nur 0,3% Beimengungen enthält, also ähnlich wie das Armco-Eisen fast chemisch reines Eisen ist. (Bild 6).

NEUE WEGE DER AMERIKANISCHEN STAHLRÖHRENINDUSTRIE.

Die Öl-Industrie bietet ein besonders deutliches Beispiel dafür, wie rasch oft ein Produkt zum Nachteil eines anderen die Oberhand gewinnt und grundlegende Änderungen in der Stahl-Industrie erzwingt.

Innerhalb von drei Jahren wurden nacheinander Röhren für Leitungen auf drei verschiedene Weisen hergestellt. Nachdem jahrzehntelang überlappt geschweißte Röhren gebraucht waren, verwarf die Öl-Industrie diese gewissermaßen über Nacht und gebrauchte nahtlose Röhren. Ebenso plötzlich wurden diese wieder zu Gunsten dünnwandiger elektrisch geschweißter

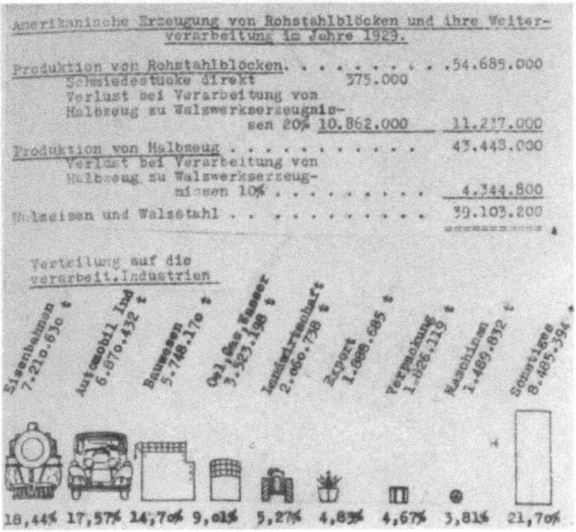

Amerikanische Erzeugung von Rohstahlblöcken und ihre Weiterverarbeitung im Jahre 1929.

Produktion von Rohstahlblöcken		54.685.000
Schmiedestücke direkt	375.000	
Verlust bei Verarbeitung von Halbzeug zu Walzwerkserzeugnissen 20%	10.862.000	11.237.000
Produktion von Halbzeug		43.448.000
Verlust bei Verarbeitung von Halbzeug zu Walzwerkserzeugnissen 10%		4.344.800
Walzeisen und Walzstahl		39.103.200

Verteilung auf die verarbeit. Industrien

Industrie	Menge	Anteil
Eisenbahnen	7.21o.63o t	18,44%
Automobil Ind	6.87o.432 t	17,57%
Bauwesen	5.748.17o t	14,7o%
Oel, Gas, Wasser	3.523.198 t	9,o1%
Landwirtschaft	2.060.738 t	5,27%
Export	1.888.685 t	4,83%
Verpackung	1.826.119 t	4,67%
Maschinen	1.489.832 t	3,81%
Sonstiges	8.485.394 t	21,7o%

Bild 5.

Bild 6.

Bild 6.
Eiserne Säule in Delhi, Indien, hergestellt vor 1500 Jahren.

Röhren verworfen. Geschraubte Verbindungsstücke werden zu Gunsten geschweißter mehr und mehr aufgegeben.

Eines der interessantesten Kapitel in dieser Geschichte ist der Aufstieg der A. O. Smith Corporation in Milwaukee, der erst seit dem Jahre 1927 datiert. Die Firma verbraucht heute über 1 Mill. to Stahl im Jahr für Röhren und Automobil-Chassis. Die Firma, die übrigens 6000 Arbeiter und 500 Ingenieure beschäftigt, biegt Grobbleche auf kaltem Wege zu Röhren. Eine Schweißmaschine macht die beiden Seiten der Naht glühend und füllt den Zwischenraum mit Schweißmaterial aus. Es werden Röhren bis zu 66 cm Durchmesser hergestellt. Die Firma ist äußerst leistungsfähig; zur Zeit des Besuches des Verfassers wurden 42 km Röhren täglich hergestellt (Bild 7).

Inzwischen hat die Republic Steel Co. Einrichtungen geschaffen, wonach die Bleche durch Formmaschinen allmählich zylinderförmig gebogen werden, worauf eine elektrische Schweißmaschine die beiden Kanten ohne Einlegung von Schweißmaterial zusammenschweißt.

Außer den Öl-Leitungen wachsen die Röhrenleitungen für natürliches Gas und Gasolin in riesenhaftem Tempo an. In vielen Städten des mittleren Westens werden die Wohnungen bereits mit Gas beheizt, das aus Texas, tausende von Meilen entfernt, herangeführt wird.

Es gibt in den Vereinigten Staaten heute 60 000 Meilen Röhrenleitungen für natürliches Gas und 102 000 Meilen Ölleitungen (1 Meile = 1,609 km).

Das Neuste sind die Gasolin-Leitungen, von denen zur Zeit drei im Bau sind und zwar in Längen von 1350 Meilen von 850 Meilen und 650 Meilen. Das Gasolin wird auf Zwischenstationen verzapft.

Eine andere Art von Röhren werden aus Bandeisen spiralförmig geschweißt. Ihr Vorzug besteht in leichtem Gewicht und darin, daß sie kalt gebogen werden können und sich infolge ihrer Biegefähigkeit dem Gelände leicht anpassen.

Neue Gebiete für die Röhren-Industrie eröffnen sich u. a. in Kühlschrankanlagen, die heute schon vielfach mit den Wohnungen mitvermietet werden, ferner in der künstlichen Kühlung von Wohn- und Geschäftsräumen. Hier entsteht eine ganz neue, heute schon bedeutende Industrie.

EINIGES AUS DER AMERIKANISCHEN AUTOMOBILINDUSTRIE.

In der Automobilildustrie hat die Rationalisierung und Mechanisierung bekanntlich ihren Höhepunkt erreicht. Ford stellt an dem bekannten laufenden Band täglich 10 000 Automobile her. Die Fordwerke verarbeiten rohes Erz, das aus eigenen Gruben auf eigenen Schiffen an die eigenen Hochöfen herangefahren wird, zum fertigen Auto, fährt dieses 500 Kilometer weit, verkauft es an den Händler und erhält das Geld, alles innerhalb von 36 Stunden. Die Arbeitszeit vom flüssigen Eisen bis zum gebrauchsfertigen Wagen beträgt $4^3/_4$ Stunden.

Aber auch in anderen Betrieben werden erstaunliche Leistungen erreicht. So beträgt die Tagesproduktion an Automobilrahmen der schon mehrfach erwähnten A. O. Smith Corp. in Milwaukee 10 000 Chassis pro Tag. Diese Leistung wird mit insgesamt 180 Arbeitern

Bild 7.

Bild 8.

Bild 7.
Aus Bandeisen spiral geschweißtes Rohr.

Bild 8.
Einstampfen alter Automobile zur Beschickung der Siemens-Martin-Oefen.
Neuerdings werden alte Automobile systematisch aufgekauft, nach Herausnahme der Glas- und Gummiteile durch eine Presse flachgedrückt und eingeschmolzen.

erreicht, eine Zahl, die man noch auf 160 herabzumindern gedenkt. Die einzelnen Werkstücke, an deren jedem 587 verschiedene Arbeitsvorgänge zu verrichten sind, gehen völlig automatisch über ein laufendes Band, an dem anstatt Menschen nur noch Maschinen stehen. Jede Maschine greift automatisch das Werkstück auf, nimmt daran eine bestimmte Formung vor und gibt es an die nächste Maschine weiter. Alle 10 Sekunden — man erstrebt alle 6 Sekunden — verläßt ein fertiger Chassis-Rahmen die letzte Maschine. In dem ganzen Werk sieht man nur einige wenige Menschen zur Überwachung der Maschinen (Bild 8, 9, 10, 11).

DIE ENTWICKLUNG DES AMERIKANISCHEN STAHLBAUES.

Der amerikanische Stahlbau, dessen ungeheure Leistungen heute in der ganzen Welt Bewunderung errregen, ist ein Kind der jüngsten Zeit. Wenn auch in den vergangenen Jahrhunderten bereits einige Baukonstruktionen aus Eisen hergestellt wurden, so beginnt die Geschichte des eigentlichen Stahlbaues auch in Amerika erst in den achtziger Jahren des vorigen Jahrhunderts im Anschluß an die Erfindungen Bessemers, Thomas und Martins zur Gewinnung walzfähigen Flußstahls. Bis 1885 war der Anteil des Bauwesens am Eisenverbrauch sehr gering. Lediglich im Brückenbau wurden nennenswerte Eisenmengen verwendet. Nachdem jedoch im Jahre 1885 die ersten Walzprofile auf den Markt kamen steigt der Stahlverbrauch für Stahlbaukonstruktionen unablässig bis zum Ausbruch des Weltkrieges.

Nach dem Kriege erhält der Stahlbau einen neuen Antrieb durch die im Jahre 1921 erfolgte Gründung des

„American Institute of Steel Construction", das die inzwischen gesammelten Erfahrungen in der Erzeugung und der Verarbeitung von Stahl für Baukonstruktionen auswertet und für die gesamte Fachwelt nutzbar macht, und für die Weiterentwicklung der Stahlkonstruktionen für alle Gebiete des Bauwesens fortgesetzt neue Anregungen gibt.

Während der Verbrauch von Baustahl seit 1931 ziemlich gleich geblieben war und sich zwischen 1 und 2 Mill. Tonnen bewegt hatte, steigt die Kurve seit 1921, dem Gründungsjahr des Institute of Steel Construction steil aufwärts und erreichte im Jahre 1929 die Ziffer 3.842.300 to.

Die Steigerung gegen 1928 betrug 17,7% bei einem Rückgang der allgemeinen Bautätigkeit um 13% und bei einem Rückgang der Verwendung von Betoneisen zu Armierungszwecken um 8%. Selbst das Jahr 1930 das fast auf allen Gebieten einen ungeheuren Rückschlag gebracht und die allgemeine Bautätigkeit um 40% hat zurückgehen lassen, hat dem Stahlbau nur einen verhältnismäßig sehr geringen Rückgang auf 3.400.000 to gebracht (die letzten 3 Monate sind geschätzt).

Ganz besonders auffällig ist die Steigerung des Verbrauchs von Blechen und Bandstahl für Bedachungen, Verkleidungen, Zargen und Leisten, Türen und Regale auf 1.249.393 to Gegenüber dem Vorjahre war hier eine Steigerung von 36,6% eingetreten, wohlbemerkt in einer Zeit, in der die Bautätigkeit um 17,7% zurückging (Bild 12).

In einem einzigen Gebäude, dem Terminal Building in Cleveland sind z. B. 2000 to Stahl-Leisten verbaut, während bei uns immer noch Holz verwendet

Bild 9.

Bild 10.

Bild 9.
Chassisfabrik der A. O. Smith Corp., Milwaukee.
Das automatisch laufende Band ohne Menschen.

Bild 10.
Chassisfabrik der A. O. Smith Corp., Milwaukee.
Teilansicht des laufenden Bandes.

wird. Auch an dieser Steigerung hat eine Absatzvermehrungsstelle, die National Association of Flat Rolled Manufacturers in Cleveland, die Vereinigung der Blech- und Bandeisenwerke, hervorragenden Anteil. Natürlich haben auch andere Faktoren die rasche Entwicklung des Stahlhochbaues gefördert.

Diese schnelle Entwicklung ist nicht zuletzt auch dadurch bedingt, daß die ungeheure Konzentration des Geschäftsverkehrs in den amerikanischen Großstädten die Baufachleute vor Aufgaben stellte, die nur mit den besten technischen Mitteln zu lösen waren.

Einen entsprechenden Niederschlag fand dieser Aufschwung des Stahlbaues auch in den amerikanischen Bauvorschriften, die vor der Zeit des Stahlbaues lediglich gesundheitliche Bedingungen und Vorschriften für den Feuerschutz enthielten, dann aber technische Bestimmungen aufnahmen, um der steigenden Anwendung von Stahlkonstruktionen und der Entwicklung des Wolkenkratzerbaues Rechnung zu tragen.

In der Festsetzung der zulässigen Beanspruchung machen die amerikanischen Bauvorschriften im allgemeinen keinen Unterschied zwischen dem reinen Stahlbau und Stahlkonstruktionen in Verbindung mit massiven Baukörpern. Die New-Yorker Bauverordnung läßt in beiden Fällen neuerdings 1265 kg/cm^2 zu.

Eine besondere Berechnung gegen Winddruck wird im allgemeinen nur für Gebäude gefordert, deren Höhe über 45 m oder mehr als das Vierfache der kleinsten Länge des Grundrisses beträgt. Auch in diesen Fällen brauchen die Windspannungen nur dann berücksichtigt zu werden, wenn sie größer als 50 % der Spannungen durch Nutz- und Eigengewicht sind und zwar werden dann die Spannungen durch Nutz- und Eigengewicht um 50% erhöht oder es werden die vollen Spannungen aus Eigengewicht + Nutzlast + Wind ermittelt. Dann aber wird mit einer zulässigen Beanspruchung von 1900 kg/cm² (statt 1265 kg/cm²) gerechnet.

Die Decken dürfen bei der statischen Berechnung zur Aufnahme horizontaler Kräfte nicht mit herangezogen werden, doch besteht in New York die Vorschrift, daß die beiden unter der obersten Decke liegenden Decken in Stahlskelettbauten gegossen sein müssen, um zur Standsicherheit des Bauwerks beizutragen.

Was die Rostgefahr betrifft, die bei uns manchmal noch als Bedenken gegen die Stahlbauweise geltend gemacht wird, so hat eine langjährige Erfahrung drüben gezeigt, daß diese Gefahr bei richtig in Zementmörtel eingebetteten oder mit wirksamen Rostschutzmitteln behandelten Stahlkonstruktionsteilen heute nicht mehr vorhanden ist. In Amerika ist noch niemals ein Stahlskelettbau wegen Baufälligkeit abgebrochen worden, sondern nur weil wirtschaftliche oder städtebauliche Notwendigkeiten dies erforderlich machten. (Bild 13.)

So stellte sich bei dem im vorigen Jahre erfolgten Abbruch des 48 Jahre alten, ältesten Wolkenkratzers in Kansas-City heraus, daß sämtliche Stahlteile vollständig unversehrt waren und neu verwendet werden konnten.

Als ein Mittel, das Gewicht des Stahlskeletts herabzumindern, wird auch drüben neuerdings das Schweißen angewandt, wobei man allerdings genau wie bei uns mit der gebotenen Vorsicht vorgeht. Immerhin sind

Bild 11.

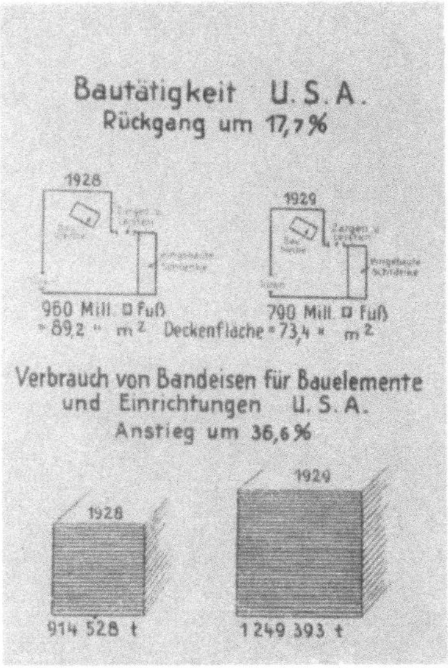

Bild 12.

Bild 11.
Chassis-Lager der A. O. Smith Corp.

Bild 12.
Verbrauch an Blechen und Bandstahl 1928/29 mit Gegenüberstellung der allgemeinen Bautätigkeit in denselben Jahren.

bereits an die 300 Hochbauten geschweißt worden, darunter 16- bis 21-stöckige Hochhäuser. (Bild 14.)

Untersuchungen über die Wirtschaftlichkeit der Hochgebäude, welche das American Institute of Steel Construction durchgeführt hat, haben ergeben, daß bei einem Bodenpreis von 7500 RM. je m^2 eine Stockwerkshöhe von 63 Geschossen die günstigste Rente verbürgt. Bei einem Bodenpreis von 15 000 RM. je m^2 sind hierfür 75 Geschosse nötig. Man hat errechnet, daß sich der Stahlverbrauch pro m^2 umbauten Raumes bei Stahlskelettbauten auf folgende Mengen beläuft:

a) Bürogebäude	35	Stock	24	kg/m^2
	58	„	40	„
(Chrysler Building)	67	„	41,5	„
(Empire State Bldg.)	85	„	über 50	„
b) Wohnhäuser	16	„	17,5	„
c) öffentliche Gebäude	8	„	18,5	„

Wo solche Notwendigkeiten vorliegen, spielt natürlich jeder Zentimeter, der an den Abmessungen der Konstruktionsteile, der Wand- und Deckenstücke, jeder Tag, um den das Bauwerk schneller nutzbar gemacht werden kann, eine wichtige Rolle und spornt Architekten und Ingenieure unablässlich zu technischen Höchstleistungen an. Daß hierfür nur der Stahl als Baustoff ernsthaft in Frage kommt, ist für den Amerikaner bereits eine Selbstverständlichkeit geworden.

Das bisher höchste Gebäude, das Empire State Building, hat 85 Stockwerke und eine Höhe von 330 Metern. Es enthält 610 km elektrische Drahtleitungen, 120 km Wasserleitungen und 50.000 to Stahlkonstruktion. (Bild 15) Technisch wären heute Gebäude von 200 Stockwerken und 600 m Höhe möglich.

Die Schwierigkeiten, die bei der Höhenentwicklung der amerikanischen Wolkenkratzer zu überwinden waren, bestanden jedoch weniger in den statischen Problemen des Stahlskelettbaues als vor allem in der Bewältigung des Innenverkehrs durch schnellfahrende Aufzüge und in der geeigneten Belüftung. Die elektrischen Aufzüge sind heute in solcher Vollkommenheit entwickelt, daß z. B. die Aufzüge im Chrysler Building eine Geschwindigkeit bis zu 305 m/Minute, die im Empire State Building sogar bis zu 336 m/Minute erreichen und zwar mit einer so genau ausgeglichenen Beschleunigung, daß die Insassen den hohen Beschleunigungsgrad kaum wahrnehmen. Allerdings können die Höchstgeschwindigkeiten infolge behördlicher Beschränkungen bis heute noch nicht voll ausgenutzt werden.

Die übliche Belüftung durch die Fenster ist bei derartig hohen Gebäuden wegen der großen Schlotwirkung nicht mehr möglich. Vielmehr wird die Frischluft mit Maschinenkraft durch ein weitverzweigtes Leitungssystem in alle Räume des Hauses gedrückt. Diese Ventilationseinrichtungen, die an jedem Tage viele tausende cbm Luft bewegen, versorgen die Zimmer mit einer Luft, die oft besser ist, als die Außenluft in der betr. Geschoßhöhe, da die Frischluft der unverbrauchten Außenluft an der höchsten Spitze des Gebäudes entnommen wird.

Natürlich stellt die Unterbringung der zum Teil recht umfangreichen Leitungen für Luft, wie auch der Heizungs-, Licht-, Telefon usw. -Leitungen, dem Konstrukteur Aufgaben, die man neuerdings in engster Verbindung mit den tragenden Konstruktionsteilen zu lösen versucht. So hat man in dem jetzt in Milwaukee

Bild 13

Bild 14.

Bild 13.
Aeltestes Hochhaus Amerikas. Das im Jahre 1929 zur Schaffung von Platz für ein höheres Gebäude abgebrochene Tacoma-Building in Kansas City.

Bild 14.
Vollständig geschweißte Stahlkonstruktion der Edison Electric-Illuminating Co. in Boston, Mass. Höhe 14 Stockwerke. Stahlgewicht 1347 to.

Bild 15.

Bild 16.

Bild 15.
Empire State Building im Bau 1930.
Gesamthöhe 330 m, 85 Stockwerke.
77 500 m² Grundfläche, 2 000 000 m² Nutzfläche.

Bild 16.
Laboratoriumsgebäude der A. O. Smith-Corp. in Milwaukee.

errichteten Laboratoriums-Gebäude der A.O. Smith Corp. sämtliche Stützen und die Hauptdeckenunterzüge hohl ausgebildet und benutzt diese zusammenhängenden Hohlräume, die so weit sind, daß ein Mann bequem hindurchkriechen kann, für die Frischluftzuführung und für die Unterbringung aller Leitungen. (Bild 16 u. 17)

Neben den Fortschritten des reinen Stahlbaues zeigt sich auch im Massivbau und in der Bauorganisation eine zunehmende Verwendung von Stahlbauteilen und Stahlgeräten. Die Gründung hat begreiflicherweise bei der großen Höhenentwicklung amerikanischer Großstadtgebäude eine ganz andere Bedeutung als bei uns. In sehr vielen Fällen muß dort zur Brunnen- oder Pfahlrostgründung gegriffen werden, bei denen man meist Stahlrohre als Pfähle oder Brunnenschächte verwendet. (Bild 18 u. 19)

Der Frage der Füllbaustoffe für den Stahlskelettbau hat man in Amerika nicht die Bedeutung beigemessen, wie bei uns. Man begnügte sich für gewöhnlich mit der Ausfachung des Skeletts mit Ziegelsteinen und Terrakotta-Hohlsteinen. Neuerdings beschäftigt man sich jedoch lebhaft mit der Beschaffung größerer Einheiten und besser isolierenden Materials für die Wandbildung. Dabei geht die Tendenz ganz unverkennbar dahin, die Mauerung auf ein Minimum zu beschränken und stattdessen, dünne, isolierte Metallplatten, insbesondere rostfreien Stahl zu verwenden. Anfänge hierzu wurden bereits bei zahlreichen Wolkenkratzern, insbesondere bei dem 312 m hohen Chrysler-Building gemacht, dessen Turmspitze ganz mit Nirosta-Stahl verkleidet wurde, ebenso bei dem 330 m hohem Empire

State Building, bei welchem die Fensterpfeiler mit Nirosta-Stahl und die Fensterbrüstungen mit Aluminiumplatten verkleidet sind. Als weiterer Schritt in dieser Entwicklung dürfen einige Bauten der Chicagoer Weltausstellung angesehen werden, die ganz mit farbigen Stahlplatten verkleidet werden. Diese Gebäude, die ausschließlich mit künstlicher Belichtung und Belüftung versehen sind und daher keine Fenster mehr haben, sollen des Nachts mit Scheinwerfern angestrahlt werden, womit man einen Effekt von packender Farbenpracht erzielen will (Bild 20). Auch ein Wohnhochhaus ganz aus Stahl wird in Chicago errichtet,

Auch im Innenausbau nimmt die Verwendung von Stahltrenn- und -zwischenwänden mit zweckmäßig angelegten Hohlräumen für Leitungen immer mehr zu, wie der Stahlverbrauch für diese Zwecke zeigt, der im vergangenen Jahre zwischen 16 und 17 000 to lag. Allein im Chrysler Building sind ca. 3 000 to Stahlzwischenwände eingebaut. (Bild 21)

Infolge richtiger Weiterentwicklung des dem Stahlbau zu Grunde liegenden Prinzips treten auch bei den Decken und Dächern immer mehr tragende Stahlplatten an Stelle der bisher noch verwandten stahlarmierten Beton- oder Hohlsteinplatten. Man verwendet flache, gewellte oder in besondere Formen gepreßte Stahlbleche die dem Deckenträger aufgeschraubt oder aufgeschweißt werden. Bei einer der am weitesten entwickelten Form dieser Ganzstahldecken, der sogenannten Battle-Decke, werden die auf die Trägerflanschen aufgeschweißten Stahlplatten bei der statischen Berechnung zur Aufnahme der Druckspannungen mit herangezogen, wodurch äußerst geringe Deckenstärken erzielt werden.

Bild 17

Bild 18.

Bild 17.
Laboratoriumsgebäude der A. O. Smith-Corp. in Milwaukee.
Blick in das Innere einer Stütze.

Bild 18.
Raymond Composite Gründungspfähle. Der untere Teil des Pfahles ist ein Holzpfahl, der obere Teil ein Stahlhohlkörper mit eingepreßten spiralförmigen Windungen, der in das Erdreich gerammt und dann ausbetoniert wird.

Bild 19.

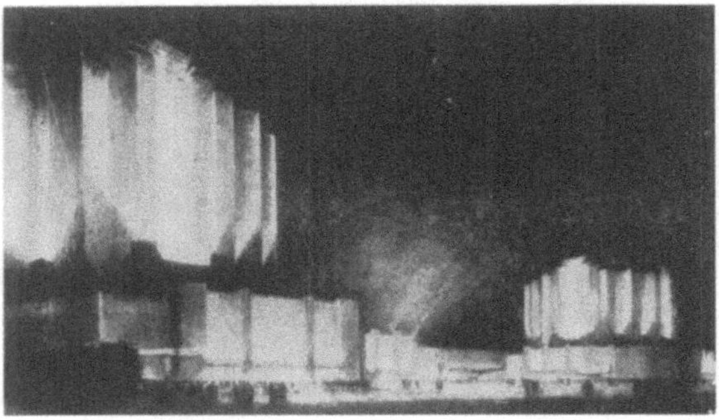

Bild 20.

Bild 19.
Brunnengründung mit Senkschacht, System Gow. Mit Hilfe des Stahlschachtes wird ein Fundamentfuß aus Eisenbeton abgesenkt. Der Raum um den Stahlschacht wird wieder hinterfüllt, der Stahlschacht ausbetoniert und herausgezogen.

Bild 20.
Travel- and Transport-Building für die Weltausstellung Chicago 1932. Entwurf.

Die auf diese Stahlplattendecken zur Isolierung und zur Aufnahme des Fußbodens noch aufgebrachten Betonschichten oder Betonplatten haben keinerlei tragende Funktionen mehr auszuüben.

Für die Durchbildung der Dachhaut, wie auch für die Ausführung der Dachrinnen, Gesimse, Windborde, Abfallrohre usw. gewinnt immer mehr das rostbeständige Armco-Eisen an Bedeutung. Besonders beliebt sind die Truscon -Dachbleche, die in ihren drei Formen als Ferroboard, Ferrodecke und I-Plates eine begehbare Dachhaut von außerordentlicher Festigkeit und Dauerhaftigkeit ergeben, ebenso auch die trapezförmig gebördelten Holoribplatten. Zur Isolierung und zur Erzielung der Wasser-Undurchlässigkeit werden diese Dachbleche meist mit einer oder mehreren Lagen Cellotex oder anderen Wärmeplatten mit mehreren Lagen Dachpappe und einem schützenden Schlußanstrich abgedeckt, im Gegensatz zu den verzinkten Armcoblechen, die als oberste Dachhaut mit stehendem oder liegendem Falz auf einer Holzschalung mit Papplage verlegt werden. (Bild 22, 23, 24, 25 u. 26)

Als ein außerordentlich zweckmäßiges Bedachungs- und Wandbekleidungsmaterial haben sich die isolierten Bleche der H. H. Robertson-Corp. in Pittsburgh eingeführt. Die Isolierung besteht aus einer dreifachen Schicht aus Asphalt, Asbest und einer wasserabweisenden imprägnierten Schutzhaut. Die Bleche eignen sich wegen ihrer unbedingten Wetter- und Säurebeständigkeit ganz besonders für Bauten in industriellen Gegenden. Die größte Luftschiffhalle der Welt, die Goodyear-Zeppelinhalle in Akron, Ohio, ist mit diesen Blechen abgedeckt. (Bild 27 u. 28)

Neben der Anwendung von Gips- und Korkplatten als Wand- und Deckenbekleidung ist im Wohnungsbau die Verwendung von Streckmetall und Steeltex, in Verbindung mit anderen Baustoffen sehr verbreitet.

Das auch schon in den deutschen Baumarkt eingeführte Rippenstreckmetall wird sowohl als konstruktives Bauelement zur Herstellung von Decken und Wänden als auch als Putzträger verwandt. Es entsteht dadurch, daß in Bandstahl in gewissen Abständen Längsrippen eingepreßt werden, worauf die Zwischenfelder mit Schlitzen versehen und sodann zu einem maschenförmigen Gebilde auseinander gestreckt werden.

Steeltex besteht aus einem in wasserabweisendes Papier eingeflochtenen, geschweißten Drahtgeflecht. Decken und Wände werden vielfach mit Streckmetall oder Steeltex bespannt und verputzt. Die Außenwände erhalten darüber oft noch eine Verblendung mit Klinkern. Als Stützen werden oft Spezialprofile verwandt, die eine besonders einfache Verbindung untereinander und eine leichte Befestigung der Steeltex- oder Streckmetallmatten zulassen. (Bild 29, 30, 31, 32 u. 33)

DIE NEUERE ENTWICKLUNG DES MASSIVDECKEN-BAUES IN AMERIKA.

Mit dem Stahlskelettbau war, da der Stahl als tragender Baustoff in gleichem Maße Zug- wie Druck- und somit auch Biegungsbeanspruchungen aufzunehmen vermag, gleichzeitig die Möglichkeit gegeben, den im Massivbau durch die einseitige Beanspruchbarkeit des Mauerwerks bedingten Widerspruch

Bild 21.

Bild 22.

Bild 21.
Stahlzwischenwände im Neubau des Bureau of Commers in Washington.

Bild 22.
Truscon-Stahldach Ferroboard.
Das Verlegen der Dachplatten auf den Dachträgern.
Unten: Herstellung eines Plattenstoßes.

Bild 23.

Bild 24.

Bild 23.
Truscon-Stahldach Ferrodeck
Fertig verlegter Stahlplattenbelag mit Isolierschicht, mehrfachem Dachpappebelag und schützendem Schlußestrich.

Bild 24.
Stahlbedachung Holorib.
Verlegen der Holoribplatten und ihre Befestigung auf den Dachträgern mittelst Punktschweißung.

zwischen Wand- und Deckenkonstruktion zu überwinden und die tragenden Glieder der Wände und Decken einheitlich, d. h. aus dem gleichen Baustoff in gleicher Tragfähigkeit und Feuersicherheit und im besten konstruktiven Verband miteinander durchzubilden.

Nachdem die Durchbildung dieses konstruktiven Gerippes zu einer gewissen Reife gediehen ist, richtet sich die neuere Entwicklung vorwiegend auf die technische Vervollkommnung der Wände und der Deckenfelder, des Fußbodens und des Putzes. Ohne Zweifel stellen hierbei die Decken das schwierigere und wichtigere Problem dar. Das wichtigere, weil die Flächen der Decken die der Wände, insbesondere bei größeren Gebäuden an Größe weit übertreffen, das schwierigere deshalb, weil die Deckenfelder immer die Spannungen durch die Nutzlast aufzunehmen haben, während die Wände durch das Stahlskelett völlig entlastet sind und nur noch ihr eigenes Gewicht zu tragen haben.

Da somit, insbesondere bei zunehmender Gebäudehöhe, das Gewicht der Decken für die Dimensionierung der Stützen und Fundamente und damit für die Wirtschaftlichkeit des Stahlskeletts eine ganz erhebliche Rolle spielt, ist bereits die Konstruktion der Deckenträger in Amerika weitgehend durch das Streben nach möglichst geringem Gewicht bestimmt. Man verwendet mit Vorliebe die leichten Stahlgitterträger, unter denen insbesondere die aus Stabeisen zusammengeschweißten Macomber-Stahlträger (hergestellt von der Macomber Steel Co.) zu nennen sind. Diese Träger werden in bestimmten Normallängen von 1,20 bis 7,20 m hergestellt. Die Auflager sind auf jeder Seite um 15 cm variabel eingerichtet, so daß mit den handelsüblichen

Längen jede Spannweite innerhalb der Minimal- und Maximallänge überbrückt werden kann. (Bild 34.)

Durch die Truscon Steel Co. und andere Firmen werden verschiedene, meist aus Profil- und Stabeisen geschweißte Formen von Gitterträgern hergestellt, deren Konstruktion bereits die verschiedenen Befestigungsmöglichkeiten des Fußbodens und des Deckenputzes berücksichtigt. So gibt es neben dem Gitterträger mit oberem und unterem Gurt aus einfachen T-Profilen zur Anbringung von Streckmetall als Träger der Betonplatte und des Deckenputzes solche, deren oberer Gurt ein wannenförmiges Profil hat, in das ein Lagerholz zur Aufnahme des Fußbodens eingeschoben werden kann. (Bild 35)

In ähnlicher Weise werden durch die Rivet Rip Steel Co. Gitterträger hergestellt, deren oberer U-förmiger Gurt für die Aufnahme von gepreßten Stahlblechen ausgebildet ist, welche die Unterlagen für eine Betonplatte und den Fußboden bilden. (Bild 36)

Hierher gehören ferner die sogenannten Bates-Träger, die in ähnlicher Weise wie die in Deutschland gebräuchlichen Streckmaste durch Schlitzen und Strecken des Steges von I-Profilen entstehen. (Bild 37)

An vollwandigen Leichtträgern werden neben den auch hier in Deutschland bekannten Stahlbalken aus 2 aneinander geschweißten Bandstahl-Leichtprofilen insbesondere die aus einem Stegblech und Winkeleisen-Flanschen zusammengeschweißten Truscon- sowie die dünnwandigen hochstegigen Walzträger der Betlehem-Steel Corp. und der Jones & Laughlin Steel Corp. (sogen. Junior Beams) verwendet.

Bei der Durchbildung der Deckenplatten begegnet sich das Streben nach möglichst geringem Gewicht,

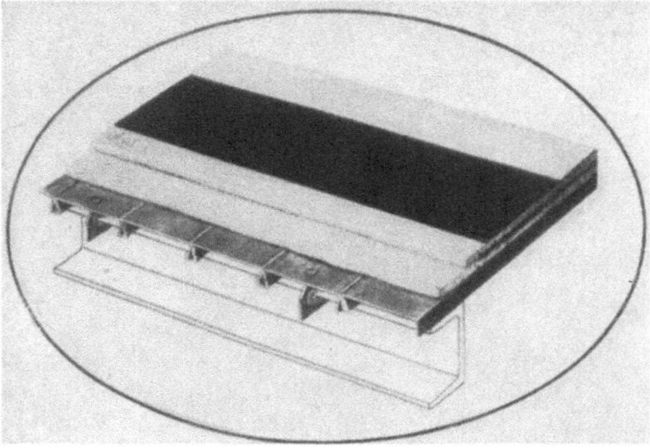

Bild 25.

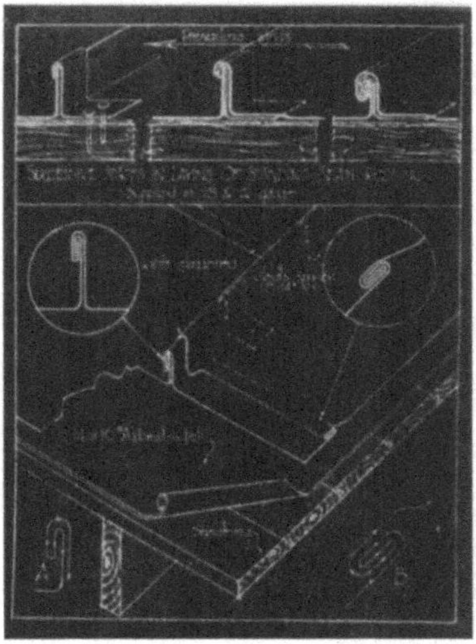

Bild 26.

Bild 25.
Stahlbedachung Holorib.
Fertig verlegte Holoribplatten mit Isolierschicht aus 2 Lagen Celotex, darüber mehrfacher Dachpappebelag und Schlußestrich.

Bild 26.
Stahlbedachung mit verzinkten Armco-Flachblechen.
Die Bleche werden mit stehendem oder liegendem Falz auf Holzschalung und Dachpappebelag verlegt.

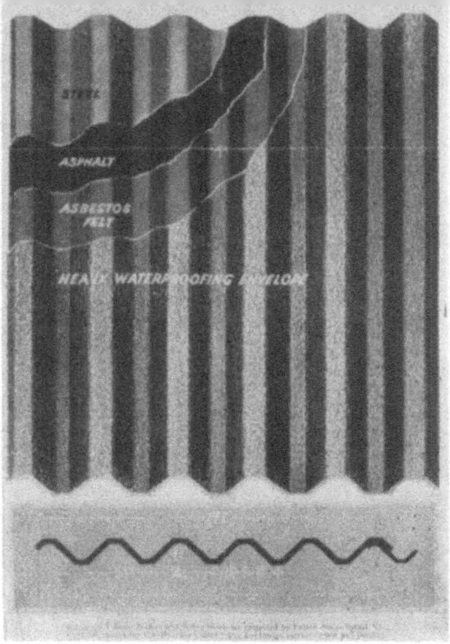

Bild 27.

Bild 28.

Bild 27.
Isolierte Robertson-Dach- und -Wandbleche.

Bild 28.
Goodyear-Zeppelinhalle in Akron, Ohio, eingedeckt mit isolierten Robertson-Blechen.

das hier naturgemäß eine noch viel wichtigere Rolle spielt, als bei den Trägern — mit der Notwendigkeit, zu Deckenkonstruktionen zu gelangen, die der Struktur und dem Bautempo des Stahlskelettbaues angepaßt sind und nicht durch relativ lange Herstellungs- und Austrocknungsfristen einen hemmenden Faktor für die Baubeschleunigung darstellen.

Als ein erster Schritt auf diesem Wege kann wohl die Herstellung der Betonplatten mit Hilfe von Wellblechformen bezeichnet werden, die entweder nur als Schalung dienen und nach dem Abbinden wieder entfernt werden oder als Stahlzellen in den Decken verbleiben. (Bild 38)

Die Schalung, die bei dieser Stahlzellendecke bereits auf ein Minimum vermindert ist, wird ganz erspart bei den Deckenplatten, die mit Hilfe von Streckmetall oder von Steeltex-Matten hergestellt sind. Wie sehr diese Deckenkonstruktionen sich drüben einführen, zeigt sich am besten in der gewaltigen Steigerung des Streckmetallverbrauchs im Bauwesen, der im Jahre 1928 auf das Fünffache des Verbrauchs von 1919 auf ca. 90.000 to anstieg und ebenso im Steeltex-Verbrauch, der im letzten Jahre eine Steigerung von 81%gegenüber dem Vorjahre aufwies. (Bild 39 u. 40).

In den neuesten amerikanischen Bauausführungen zeigt sich über diese Konstruktion hinaus bereits deutlich der Übergang zur Ganzstahldecke, bei der das eigentliche tragende Glied des Deckenfeldes nicht mehr armierte Betonplatten sondern Stahlplatten sind. Man verwendet hierzu sowohl Wellbleche als auch gerippte oder glatte Stahlplatten. Bei dem neuerdings begonnenen Travel- & Transport-Ausstellungsgebäude in Chicago werden z. B. sämtliche Decken mit den bereits als Dachkonstruktionsbauelementen erwähnten Holoribplatten abgedeckt. Das sind Stahlbleche mit trapezförmigen Faltungen, die den Blechen einerseits die Tragfähigkeit geben, andererseits alle Volumenänderungen infolge von Temperaturschwankungen etc. elastisch ausgleichen.

Zweifellos am weitesten ist die konstruktive Durchbildung dieser Deckenart gediehen in der sogen. Battle-Decke. Diese Konstruktion wurde zum ersten Male angewendet beim Erweiterungsbau der Wendell-Garage bei der es darauf ankam, eine Decke zu finden, die bei einer gegebenen Stärke noch genügende Tragfähigkeit besaß. Dies erreichte man dadurch, daß man eine Decke mit Stahlträgern von 13 cm Höhe und 14,88 kg Gewicht pro m wählte, die mit einem Abstand von 65 cm verlegt und mit 6 mm starken Stahlplatten abgedeckt wurden. Dadurch, daß diese Platten mit den Trägerflanschen fest verschweißt wurden, konnten die Deckenplatten bei der statischen Berechnung zur Aufnahme der Druckspannungen mit herangezogen werden, wodurch die äußerst niedrige Konstruktionshöhe ermöglicht wurde.

Mit Rücksicht auf die Schweißnähte werden die Stahlplatten mit einem Abstand von 6 mm verlegt. Das Aufschweißen auf die Träger geschieht mit Hilfe einer fahrbaren elektrischen Schweißmaschine, die in einer halben Stunde ca. 6 m Stahlnaht schweißt oder durch Punktschweißung. (Bild 41)

Die Battle-Decken-Konstruktion wiegt 73,24 kg/m². Die Untersicht wird entweder aus Spezialgipsplatten hergestellt, die so genau ineinander greifen, daß sie nicht verputzt zu werden brauchen, oder es wird auf einer Streckmetall- oder Steeltex-Bespannung geputzt. Bisher

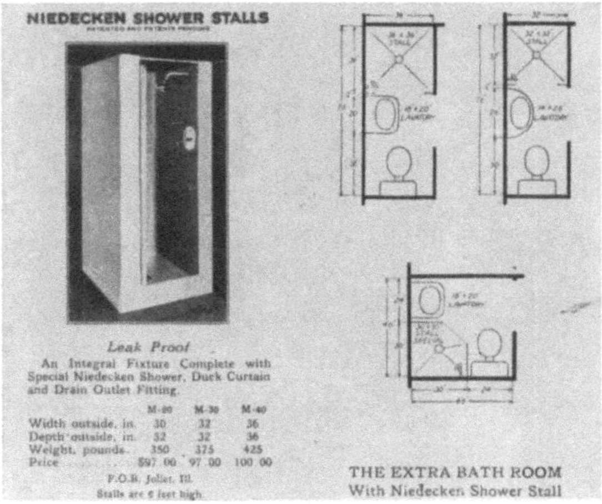

Bild 29.

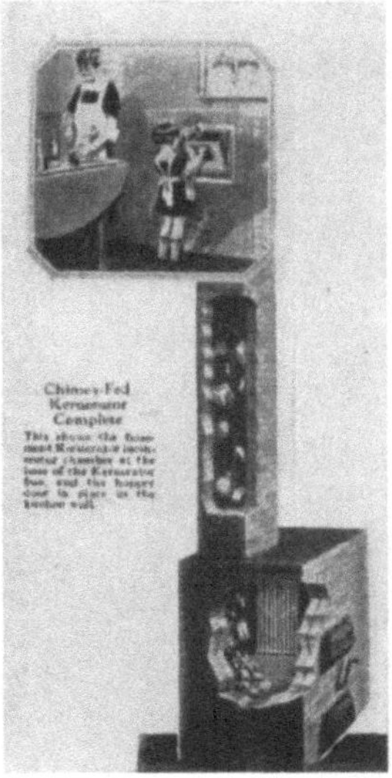

Bild 30.

Bild 29.
Brausezelle aus Stahlblech.

Bild 30.
Vorrichtung zur Verbrennung des Hausabfalls.

Bild 31.

Bild 32.

Bild 31.
Tür- und Fenstersturz aus gepreßtem Stahlblech.
Ist in der Ansichtsfläche der Wände nicht sichtbar.

Bild 32.
Wabenförmige Flaschenregale aus gepreßten, verzinkten Stahlblechstreifen.

wurden Battle-Decken mit einem Gesamtgewicht von ca. 30.000 to ausgeführt; man beabsichtigt sie auch im Wohnungsbau einzuführen (Bild 42).

AMERIKANISCHE GANZSTAHL-WOHNHÄUSER.

Das Ziel, die in Hausbauten angelegten Kapitalien so schnell wie möglich nutzbar zu machen, wird drüben mit der gleichen Intensität verfolgt, wie das der konstruktiven Verbesserung und der Herabminderung der reinen Baukosten. Insbesondere sind es aber die hohen Grundstückpreise, welche die Fertigstellung der Neubauten in der technisch möglichen Mindestfrist verlangen. Daneben spielen auch die im Verhältnis zu den Materialkosten sehr hohen Arbeitslöhne eine viel gewichtigere Rolle als bei uns.

Immer offensichtlicher zeigt sich daher im amerikanischen Hausbau das Bestreben, die Arbeiten auf der Baustelle zu vermindern, Austrocknungs- und Abbindefristen ganz zu vermeiden und darum auch die Decken, Wände und Dächer aus isolierten Metallplatten montagemäßig herzustellen. Nachdem im Wolkenkratzerbau die Metallverkleidung, wie erwähnt, bereits weitgehend eingeführt ist, wird jetzt von den Architekten Bowmann Brothers in Chicago unter dem Namen Lake-Front-Building das erste Ganzstahl-Apartementhaus errichtet. (Bild 43.)

Das Ganzstahlgebäude gleicht einem Baukasten, dessen Einzelteile in den Werkstätten vollständig fertiggestellt wurden, so daß jede überflüssige Arbeit auf der Baustelle vermieden wird. Die Raumausnutzung ist beim Ganzstahlhaus durch die dünnen, mit den geeignetsten Wärmeschutzstoffen isolierten Außenwände auf das höchste Maß getrieben. Gleichzeitig ist damit das Eigengewicht der Wände herabgesetzt, der Isolierwert der Wände erhöht und auch auf die Schalldämpfung genügende Rücksicht genommen. Gegenüber der üblichen Ausmauerung ergibt sich der folgende Gewinn an vermietbarem Raum:

	Massivwand	Ganzstahlwand
Gesamte Wandstärke (Außenwand)	36 cm	8 cm
Nutzraum beim Lake Front Building		
Nicht vermietbarer Raum (für Aufzüge, Treppen, Kamine, Säulen Zwischenwände und Vorhallen)	175 m²	175 m²
Raum für Außenwände	100 m²	23 m²
Vermietbarer Raum	615 m²	692 m²
zusammen	890 m²	890 m²

In diesem Falle ist somit die Ersparnis an nicht vermietbarem Raum 14 %. Dieser Prozentsatz vergrößert sich noch, wenn die Grundfläche kleiner wird.

Bei einer Rente von 26.— RM je qm würde die jährliche Verzinsung bei der Massivwand 3,86%, bei einer Ganzstahlwand 4,4%, d. i. 14% mehr betragen. Diese Mehreinnahme entspricht einem Mehraufwand von 56% für die Inneneinrichtung, wenn diese mit dem 4. Teil der gesamten Baukosten angesetzt wird.

Dies ist allerdings ein sehr günstiger Fall. Bei einem Bürohaus mit einem größeren Anteil an nicht vermiet-

Bild 33.

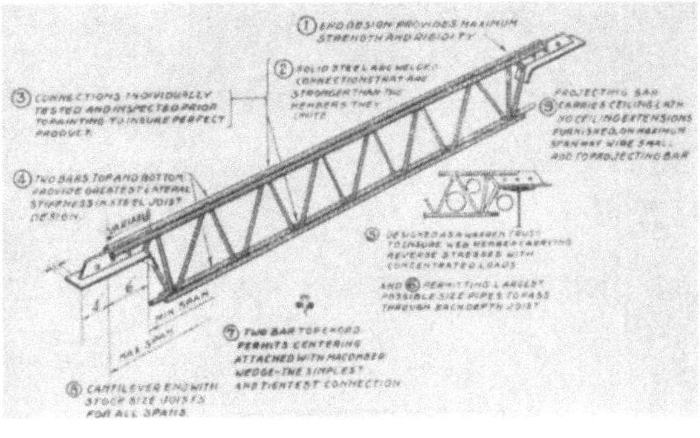

Bild 34.

Bild 33.
Schul-Wandtafeln aus emailliertem Stahlblech.
Durch die Farbe der Emaillierung — meist ein sattes Grün — wird eine freudige Farbnote in den Schulraum gebracht.

Bild 34.
Stahlgitterträger der Macomber Steel-Comp.

Bild 35.

Bild 36.

Bild 35.
Deckenkonstruktion aus Truscon-Stahlgitterträgern mit Streckmetallbespannung als Fußboden- und Putzträger.

Bild 36.
Deckenkonstruktion der Rivet-Rip-Steel-Comp.

baren Werten würden z. B. nur 3% erspart werden, was immerhin noch einem Mehraufwand von 12% für die Einrichtung entspricht, wenn man annimmt, daß diese 25% der gesamten Baukosten ausmacht.

Für die Wandkonstruktion wurden 3 verschiedene Ausführungen gewählt und zwar

1. Aluminiumblech als äußere Verkleidung mit innerem Aluminiumrahmen
2. Aluminiumblech mit innerem Stahlrahmen
3. Außenverkleidung aus nichtrostendem Stahl mit Stahlrahmen.

In allen 3 Fällen sind die Metallplatten und -rahmen wasserdicht montiert und isoliert. Dabei ist ihre Stärke so bemessen, daß sie die Belastungen durch Winddruck aufzunehmen vermögen. Für besondere Beanspruchungen, wie Erschütterungen und Schwankungen unter hohem Winddruck ist ein großer Sicherheitsfaktor eingesetzt.

Besondere Sorgfalt ist auf die Befestigung der Bleche gelegt. Am besten hat sich hierfür das Anklammern mit Metallstreifen bewährt, wobei alle Eck- und Paßstücke in der Werckstatt zugerichtet werden. Die Befestigung durch Vernietung und Schweißung hat sich als unzweckmäßig erwiesen.

Nichtrostender Stahl (Allegheny Metal) wurde gewählt, weil dieser keinerlei Anstrich oder Unterhaltung benötigt. Die Kosten sind ca. RM 8.— je m^2. Dazu kommen für Isolierung, Streckmetall und Putz ungefähr RM 6,90 je m^2 gegenüber den Kosten für eine Massivwand von RM 10,40 je m^2.

Als Deckenkonstruktion ist die erwähnte Battle-Decke gewählt, aus 13 cm hohen I-Trägern mit einem

Gewicht von 149 kg/m, auf welche 62,5 cm breite und 5 mm starke Stahlplatten aufgeschweißt sind. Da diese Platten zur Aufnahme der Druckspannungen mit herangezogen werden, wird die Konstruktionshöhe der Decke sehr gering, sie beträgt einschließlich des Fußbodens nur 23 cm. Infolge dieser geringen Deckenstärke können in der beim Lake-Front-Building zugelassenen Gebäudehöhe 21 1/2 Stockwerke untergebracht werden, während bei den sonst üblichen Deckenkonstruktionen nur 20 Stockwerke möglich wären.

Die Montage-Geschwindigkeit ist bei der Battle-Decke außerordentlich groß, weil die Plattenbahnen schon in der Werkstatt untereinander und einseitig mit dem Träger verschweißt werden können, so daß auf der Baustelle nur noch 1/3 der Schweißarbeit vorgenommen zu werden braucht.

Diese Beschleunigung in der Deckenausführung, der Fortfall aller Abbindefristen und die schnelle Montage der Außenwände ermöglicht es, ein Ganzstahlgebäude in etwa 2/3 der Zeit herzustellen, die zur Errichtung von Stahlskelettbauten mit dem bisher üblichen Ausbau erforderlich war.

Bild 37.

Bild 38.

Bild 37.
Ausführung der Decke unter dem Lichthof des Lake-Shore-Hotels in Cleveland, Ohio.

Bild 38.
Ausführung einer Stahlzellendecke im Gebäude des Eiks-Clubs in Oulwaukee.

Bild 39.

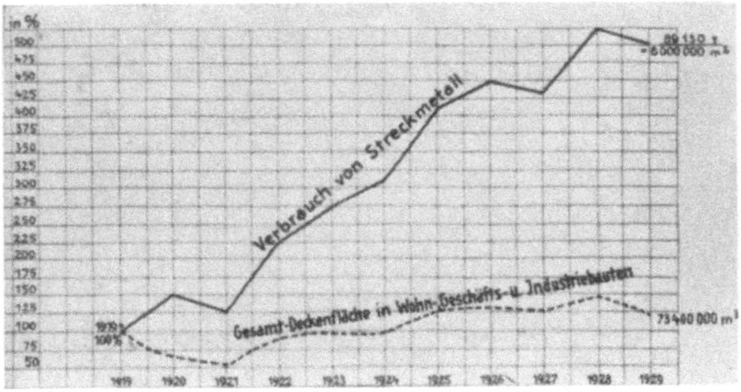

Bild 40.

Bild 39.
Ausführung einer Decke aus Bethlehem-Leichtträgern mit Steeltexmatten als Unterlage für die Betonplatte.

Bild 40.
Die Entwicklung des Verbrauchs von Streckmetall im Verhältnis zur Gesamtbautätigkeit.

STAHL IM KLEINWOHNUNGSBAU

Die Fortschritte im Kleinwohnungsbau treten naturgemäß nach außen nicht so stark in die Erscheinung wie bei den großen Geschäfts- und Apartementhäusern. Doch werden von einem der führenden Ingenieure auf diesem Gebiete, Mr. T. I. Foster, sechs verschiedene Bausysteme erwähnt, die zum Teil in lebhafter Fortentwicklung begriffen sind. Es sind dies die der Firmen:

Steel Frame House Company, Pittsburgh, Penns.

Walter Bates Steel Corporation, Gary, Ind.

Colorado Fuel & Iron Company, Denver Colorado

Mc Kay Steel Homes & Building, Inc., Cleveland/Ohio

Robert Tappan, Architekt, Forest Hills, L. I. N. Y.

National Bridge Works, Long Island City, N. Y.

Die Steel Frame House Company betreibt neben der Errichtung größerer Stahlrahmenhäuser die fabrikmäßige Herstellung von Stahlkleinhäusern in 3 verschiedenen Größen, die nach der Fertigstellung auf besondere Lastkraftwagen verladen und am Bestimmungsort auf die vorbereiteten Fundamente aufgebaut werden. (Bild 44 u. 45)

Eine schnelle Ausbreitung des Stahlbaues auch auf dem Gebiete des Kleinwohnungsbaues erwartet man vor allem durch die Ersparnisse an Zeit und Arbeitslöhnen, die bereits an einzelnen Ausführungen nachgewiesen werden konnten. So ist es vor einigen Jahren dem bekannten Stahlhauskonstrukteur Mr. Tappan gelungen, die Montage eines 2 1/2 geschössigen Stahlskelettwohnhauses in Forest Hills mit 4 Arbeitern ohne besondere Hilfsmittel in 3 Stunden u. 20 Minuten, durchzuführen. Am folgenden Tage wurde die Installation gelegt, das Dach aufgesetzt und die Decken aus schwalbenschwanzförmig gepreßten Stahlblechen und einer Betonschicht eingebaut. Häuser, die innerhalb einer Woche bezugsfertig gestellt werden, sind also drüben schon möglich geworden.

STAHLVERWENDUNG IM AMERIKANISCHEN STRASSENBAU.

Das Bureau of Public Roads in Washington ist die höchste Straßenbaustelle der Vereinigten Staaten. Es überwacht nicht nur das zentrale Federal System, sondern auch in gewissem Maße den Straßenbau der einzelnen Staaten. Es kann den Staaten Gelder der Zentralregierung für den Straßenbau zur Verfügung stellen, vorausgesetzt, daß diese einen gleichen Betrag aufwenden.

Die amerikanischen Betonstraßen waren bis 1921 nicht armiert. Da die Straßen aber infolge der Zerstörungen von Jahr zu Jahr größere Unterhaltungskosten bedingten, ging man dazu über, die Betonstraßen mit Stahleinlagen zu versehen. Die Vergleiche, welche zwischen nicht armierten und armierten Betonstraßen seit dieser Zeit aufgestellt wurden, ergaben eine wesentlich höhere Lebensdauer der letzteren. Eine Armierung mit geschweißtem Drahtgeflecht, welches ungefähr 6 cm unterhalb der Oberfläche einbetoniert wird,

Bild 41.

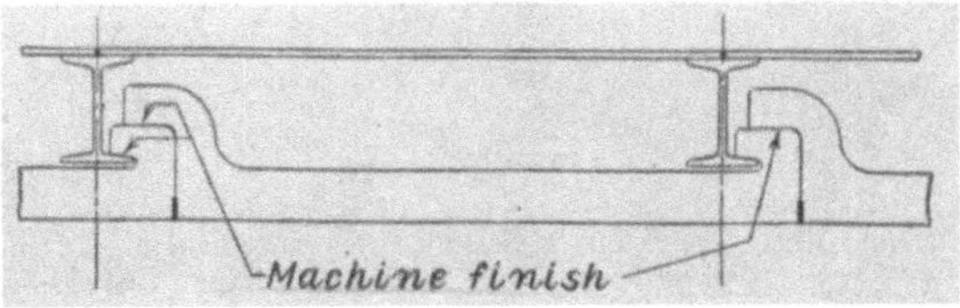

Bild 42.

Bild 41.
Herstellung der Battle-Decke im Laboratoriumsgebäude der A. O. Smith-Corp. in Milwaukee.
Aufschweißen der Stahlplatten auf die Trägerlage mittelst Punktschweißung.

Bild 42.
Querschnitt einer Battle-Decke mit Deckenuntersicht aus Spezial-Gipsplatten.

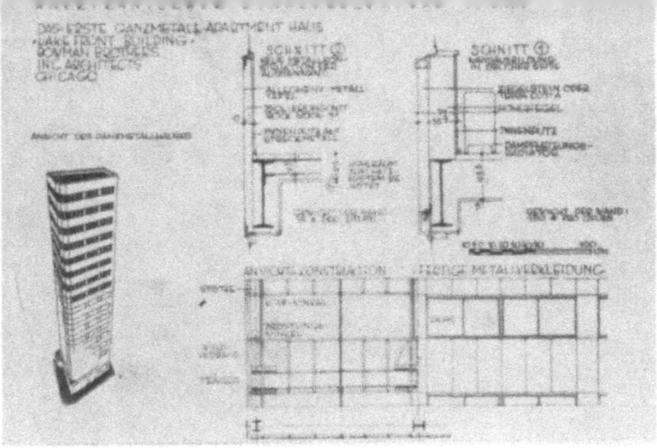

Bild 43.

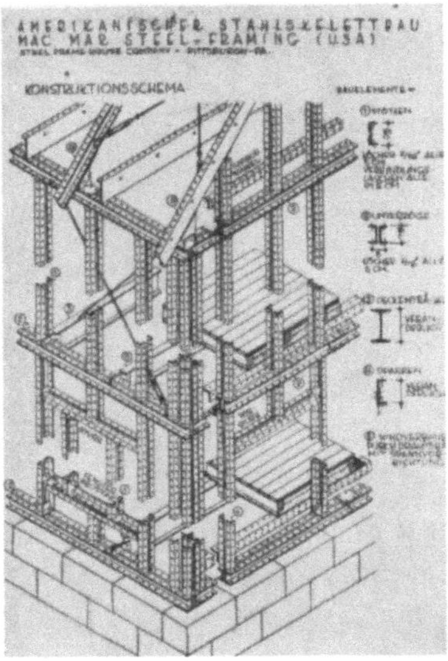

Bild 44.

Bild 43.
Entwurf des Lake-Front-Building in Chicago.
Erstes Ganzstahl-Apartmenthaus in Amerika.

Bild 44.
Stahlrahmenkonstruktion für Wohnungsbauten aus Leichtprofilen, die zur Herstellung der Verbindungen, zur Anbringung der Verkleidung und zur Herabminderung des Gewichts durchlöchert sind.

ergibt mit den Bewehrungen bei Längsfugen und -kanten einen Stahlverbrauch von etwa 5 kg je m^2. Dabei sind die Herstellungskosten von 82,6 je m^2 in 1924, auf 81,74 je m^2 in 1929, trotz der Zunahme der Armierung gefallen.

Auf eine Umfrage, die der Verfasser an die Straßenbauämter von 12 verschiedenen Staaten gerichtet hat, gingen von allen eingehende Berichte über die Erfahrungen mit Betonstraßen ein. Elf davon besagen, daß nur noch Betonstraßen mit Armierung gebaut werden, und daß man mit solchen armierten Straßen die besten Erfahrungen gemacht habe. Die meist verwendete Armierung ist geschweißtes Baustahlgewebe, wie es auch schon in Deutschland eingeführt ist. In geringerem Umfange wird auch Stabeisen verwendet.

Es gibt heute in U. S. A. ca. 4,6 Millionen km feste Fernstraßen. Von den jährlich hinzukommenden 80 000 km neuer Fernstraßen werden ca. 13 000 km in Beton gebaut. Die Gesamtlänge der Betonstraßen beläuft sich auf ca. 300 000 km. Die jährlichen Ausgaben für den Straßenbau und die Unterhaltung betragen nahezu $ 1,5 Milliarden. (Bild 46)

Neuerdings ist die erste Versuchsstraße mit Stahlunterlage, die sogenannte „Metal base Straße" bei Springfield-Ill. gebaut worden. Die Konstruktion besteht aus Stahlplatten, die auf dem gewalzten und geglätteten Unterbau aufgelegt werden. Darauf ist eine Lage von bituminösem Sand gebracht, auf die dann eine Decke von Klinkern verlegt wurde.

Bei Besichtigung dieser Versuchsstrecke — die Überwachung erfolgte durch den Staat Illinois und die

Verbände der Ziegel- und Stahlindustrie — wurde die Brauchbarkeit und Wirtschaftlichkeit dieser nach dem sogenannten Mosely-Verfahren hergestellten Stahlstraße festgestellt. Bei dieser Versuchsstrecke sind drei verschiedene Konstruktionen zur Ausführung gebracht. So wurde als Stahlunterlage Armco-Wellblech, teils längs, teils quer verlegt, verwendet. Die Wellblechtafeln wurden mit wenigen Unterbrechungen, die der Ausdehnung durch Temperaturschwankungen Rechnung tragen sollen, zusammengeschweißt. Für einen weiteren Teil der Versuchsstrecke wurden glatte Schwarzbleche verwendet. Diese Bleche wurden zunächst einmal in ihrer Längsrichtung, also quer zur Fahrtrichtung der Straße, an einer Seite nach unten umgebogen und dann so verlegt, daß die nicht umgebogene Kante des einen Bleches auf die umgebogene Kante des folgenden Bleches übergreift. So ist die durch Temperaturschwankungen bedingte Ausdehnungsmöglichkeit gewährleistet. Die Bleche sind an ihren Längsrippen durch Punkt- oder Nut-Schweißung miteinander verbunden. Die Seitenkanten dieser Bleche, also die parallel zur Straßenrichtung laufenden Kanten sind nach oben umgebogen, um der Ziegeldecke seitlich Halt zu geben.

In der gleichen Art wird auch die Ziegelschicht auf den mit Wellblech belegten Straßenteil durch Hochbiegen der Wellblech-Längskanten gehalten. Bei den mit den Rippen quer zur Straßenlinie verlegten Wellblechtafeln sind wegen der Schwierigkeit des Umbiegens an den Außenkanten Bleche aufgeschweißt.

Die Vorzüge dieser Straße werden in der festen und doch elastischen Unterlage gesehen, wobei die bei den

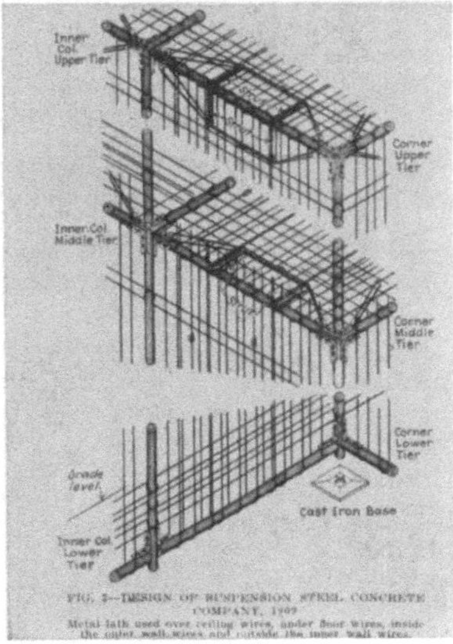

Bild 45.

Bild 46.

Bild 45.
Stahlskelettkonstruktion aus Stahlrohren mit Rundeisenarmierung für die Füllwände.

Bild 46.
Kurven- und Böschungsschutz amerikanischer Automobilstraßen durch elastisches Stahldrahtseil.

Betonstraßen unvermeidbare Rissebildung ausgeschlossen ist. (Bild 47)

Große Vorteile werden in der Ausdehnungsfähigkeit der ganzen Konstruktion gesehen, welche es leicht macht, etwa erforderliche Teilreparaturen ohne Störung des Verkehrs durchzuführen. Ferner glaubt man diese Straßenbauart auf sumpfigen Strecken mit Erfolg anwenden zu können, da Ganzstahlunterlagen eine gute überbrückende Wirkung gewährleisten.

Zur Zeit ist in New York eine Ganzstahl-Hochstraße im Bau, welche in einer Breite von 18 m und 7 1/2 km Länge den Automobilverkehr zwischen der City und dem oberen Stadtteil aufnehmen soll. Man hofft, die durch den wachsenden Automobilverkehr immer mehr zunehmenden Schwierigkeiten auf diese Weise zu bewältigen (Bild 48). Hierbei verdient ein kühner Plan Erwähnung, welcher darin besteht, Wolkenkratzer der City mit Hochstraßen, welche an Stahlseilen hängen, zu verbinden. Der Entwurf dazu ist auf der vorderen Umschlag-Seite dieses Buches wiedergegeben.

Das Projekt soll dazu dienen, das Hafenviertel mit der City und den Stadtteilen Richmond, Queens und Brooklyn zu verbinden. Diese Hochstahlstraße ist als Schwebebahn von großer Geschwindigkeit gedacht. Die Kosten sollen um 30% geringer sein als die für Untergrundbahnen. Außerdem können diese Hochstahlstraßen in um 60% kürzerer Zeit errichtet werden. Nach den vorgenommenen Berechnungen sollen diese geplanten Hochstraßen 40% des jetzigen Straßenverkehrs bewältigen können. Ein Ausschuß zur Bearbeitung dieser Pläne hat sich gebildet und macht in der Öffentlichkeit für diese Bauten Propaganda.

FORTSCHRITTE IM AMERIKANISCHEN EISENBAHNBAU.

Die Tendenz der amerikanischen Eisenbahnen geht dahin, immer schwerere Lokomotiven und Wagen zu verwenden. Die Folge ist, daß von den 65 000 Lokomotiven in den U. S. A. (von denen 17 000 seit dem Kriege gebaut worden sind) 45 000 schon als veraltet anzusehen sind.

Harriman glaubte, daß im Jahre 1907 die Höchstgewichtsgrenze einer Lokomotive von 160 to erreicht sei. Dagegen hat jetzt die Northern Pacific Line eine Lokomotive von 454 to in Benutzung genommen. Da dieses Modell sich bewährt hat, wurden weitere Lokomotiven in Auftrag gegeben.

Die General Steel Casting Corporation Commonwealth Division- Granite City, ist führend in der Herstellung von Stahlgußteilen für Eisenbahnen. Sie stellt jetzt die größten Stücke der Welt her u. a. Untergestelle für Lokomotiven, die einschließlich der Zylinder, aus einem Stück gegossen werden. Diese Untergestelle finden immer mehr Eingang bei den amerikanischen Bahnen. Die Pullman Gesellschaft benutzt sie neuerdings fast ausschließlich. Die Vorteile sind leichteres Gewicht und weniger Reparaturen (Bild 49).

Ähnlich verläuft die Entwicklung des Fracht-Eisenbahnwagens. Der heutige Wagen hat eine Tragfähigkeit von 120 to maximum.

Personenwagen aller Art werden heute fast ausschließlich als Ganzstahlwagen hergestellt, d. h. auch mit

Bild 47.

Bild 48.

Bild 47.
Stahlversuchsstraße bei Springfield, Illinois.

Bild 48.
Automobilhochstraße in New-York. Ansicht gegen Norden.

Innenverkleidung aus Stahl. Das Sicherheitsmoment ist dabei ausschlaggebend gewesen, doch ist der Stahlwagen auch um etwa $ 2000.— billiger als der Holzwagen. Die Wagen kosten je nach Ausführung von $ 60 000 bis $ 90 000. Sie sind ca. 33 m lang. Die äußeren Bleche der Wagen werden genietet, die inneren geschweißt. Die Innenbleche sind hochwertige Möbelbleche, die trotzdem meist noch eine besondere Oberflächenbearbeitung erhalten.

Die Hohlräume zwischen Innen- und Außenblechen, ebenso das Dach werden mit Haarfilzplatten oder einem aus dem Holz einer Nadelholzart hergestellten Stoff, isoliert und zwar werden die Isolierplatten auf Nägel aufgespießt, die auf die Innenbleche aufgeschweißt und nach Anbringung der Platten umgebogen werden (Bild 50).

Schwitzwasserbildung in den Hohlräumen kann nicht eintreten, weil letztere durch die senkrechten Stützenprofile in geschlossene Einzelräume geteilt werden, wodurch Luftzirkulation unmöglich gemacht wird. Die Gefahr des Dröhnens ist bei guter Konstruktion der Wagen ausgeschlossen.

Der Fußboden besteht aus zwei Lagen von kupferhaltigen verzinkten Blechen. Die untere Lage besteht aus glatten Blechen, die obere aus schwalbenschwanzförmig gepreßten Blechen. Hierauf wird eine mit Koks oder Asche gemischte Masse gebracht, der man verschiedene Farben gibt, sofern kein Linoleum oder Teppich aufgelegt wird. Einige Bahnen benutzen eine Auflage aus Gummi, die eine dreifach längere Lebensdauer hat wie Linoleum und die nach Abnutzung noch als Gummiabfall verwendet werden kann.

Die Frachtwagen werden ebenfalls heute fast ausschließlich als Ganzstahlwagen ausgeführt. Nur der Fußboden besteht aus Holz, mit Ausnahme der Kohlen- und Spezialwagen, deren Boden ebenfalls Stahl ist.

Die beiden Stirnwände bestehen fast ausschließlich aus wellblechartig gepreßten Blechen. Die Innenseite der Wagen wird gewöhnlich mit Holz ausgekleidet (Bild 51).

Die Einwände, die Stahlwände würden durch schwere Lasten leicht weggerissen, ließen sich schwerer reparieren als Holzwände und erforderten höhere Anschaffungskosten, sind im Licht der amerikanischen Erfahrungen nicht stichhaltig. Die Lebensdauer ist beträchtlich länger, Reparaturen lassen sich durch autogenes Schneiden und Schweißen leicht bewerkstelligen. Die Anschaffungskosten sind infolge der Serienherstellung der aus einem Stück bestehenden Wände gering.

Die Eisenbahnen, die früher $ 400.— für den Wagen als hohen Preis angesehen hatten, bezahlen heute $ 2000.— und mehr, weil die Leistung und Lebensdauer der Stahlwagen höher ist.

Für den Oberbau sind bisher Stahlschwellen in Amerika so gut wie gar nicht verwendet worden. Neuerdings ist eine interessante Schwelle erfunden worden, deren Herstellung und Vertrieb die Bethlehem-Steel Corporation übernommen hat. Es sind schon an ca. 5 Eisenbahnen solcher Schwellen geliefert worden. Außerdem wird eine leichte Schwelle ähnlichen Systems für Gruben hergestellt.

Mr. Woodruff von der U. S. Freight Company, New York City, ist der Erfinder des Behälterverkehrs.

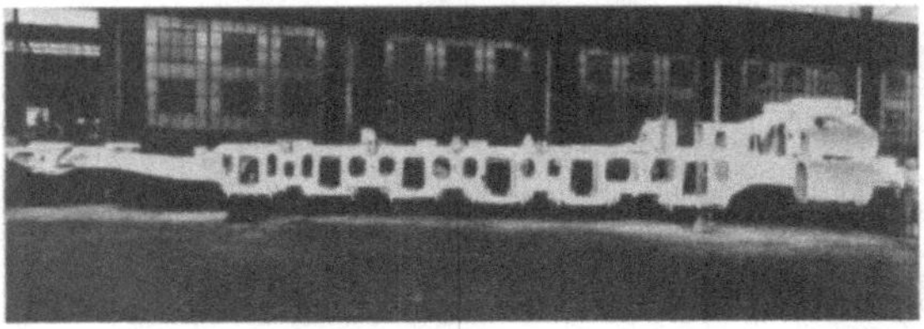

Bild 49.

Bild 50.

Bild 49.
Untergestell einer Lokomotive aus Stahlguß in einem Stück.

Bild 50.
Pullman-Wagen im Bau.
Die Stahlwandplatten haben innen aufgeschweißte Nägel zum Aufspießen der Isolierung.

Es gibt 2 Arten von Container (Behältern):

1. Merchandise Container zur Beförderung von Waren und Stückgütern. Von der bisher üblichen Type, die mit Kränen auf- und abgelassen wird, besitzt die New York Central 122 Wagen. Die neue Type hat Füße und wird durch niedrige besonders konstruierte Hubkraftwagen, die unter die Container hinfahren und diese dadurch aufladen, befördert.

2. Container für schwere voluminöse Lasten zur Beförderung von Zement, Ziegelsteinen, Pflastersteinen, Kalk, Sand, Kies, Schotter und Koks. Diese Container haben sich besonders gut eingeführt (Bild 52),

   Die New York Central besitzt hierfür 450 Eisenbahnwagen und gedenkt im Laufe des kommenden Winters weitere 500 zu bestellen. Jeder Wagen enthält 12 Container. Eine besondere Neuerung ist die Verwendung der Container für den Betonstraßenbau.

Alle Eisenbahnen mit Ausnahme der Pennsylvania R. R., die einen eigenen Behälter entwickelte, aber nur 123 Wagen laufen hat, und zwar nur „Merchandise" nicht „Bulk Container", arbeiten mit der Patentinhaberin, der L. C. L. Company. Während früher die Eisenbahnen die erforderlichen Wagen selbst stellten und eine Lizenzgebühr an die L. C. L. Co. abführten, ist letztere jetzt ganz dazu übergegangen, sämtliche Wagen und Behälter selbst den Eisenbahnen zu stellen und zwar gegen eine Benutzungsgebühr von $ 1.— pro Tag plus einer Betriebsabgabe von 5 c pro Meile für die ersten 4000 lbs. mit sinkender Staffelung bei größeren Lasten. Die Eisenbahnen bezahlen also gewissermaßen nur, wenn die Behälter tatsächlich im Verkehr sind, was alle Teile befriedigt.

Früher hat man nur „Hubbehälter" gehabt, die mit Kränen gehoben wurden und die sich gut bewährt haben. Um den Behälterverkehr auch auf kleineren Stationen einzuführen, die keine Krananlagen besitzen, ist man zu dem vorerwähnten neuen Typ gelangt, bei dem die Behälter mit Füßen versehen sind, zwischen die ein niedriger elektrisch betriebener Hubkarren fährt, welcher die Behälter anhebt und befördert. Dagegen werden die „Bulk Container" zur Beförderung von Ziegelsteinen, Kalk, Koks usw. nur als Hub-Container hergestellt.

Man hat lange und eingehende Versuche mit Behältern aus Aluminium, Duralumin, Holz und Stahl gemacht, doch hat sich allein der Stahlbehälter gut bewährt. Holz ist den starken Anforderungen nicht gewachsen, bei Aluminium und Duralumin sind starke Versteifungen nötig, wenn man nicht unverhältnismäßig dicke Platten verwenden will. Man ist daher neuerdings ausschließlich zum Stahlbehälter übergegangen.

Einer der wichtigsten Vorzüge des Container-Dienstes ist der, daß die Behälter diebessicher sind und zwar dadurch, daß die niedrige Wand des Eisenbahnwagens das Öffnen der Türen unmöglich macht. Die Verteilung und Leitung der Container wird von einer Stelle in New York vorgenommen. In einigen Städten, wie z. B. in Utica, bestehen Unterverteilungsstationen, wo die Container zur Weiterbeförderung an ihre verschiedenen Bestimmungsorte umgeladen werden.

Bild 51.

Bild 52.

Bild 51.
Ganzstahl-Güterwagen mit Stirnwagen aus gepreßtem Stahlblech.

Bild 52.
Behälterverkehr bei der New-York-Central-Eisenbahn.

Die ungeheure, sich immer noch steigernde technische Entwicklung Amerikas ist gekennzeichnet durch eine zunehmende Verwendung von Stahl.

Stahl ist nicht nur der unentbehrlichste Werkstoff unserer Zeit, sondern er ist geradezu die Grundlage aller Kultur. Ohne Stahl würde die Menschheit heute noch im Zustande des Steinzeitalters verharren. Keine Bearbeitung des Bodens mit Schar- oder Dampfpflug würde Brot für die Millionen schaffen, keine Lokomotive, kein Dampfschiff würde die Verteilung der Lebensgüter und ihren Austausch von Kontinent zu Kontinent ermöglichen, kein Magnet wäre vorhanden, keine Elektrizität würde Licht spenden und Maschinen treiben. Die Förderung von Kohle, Erz und Öl aus den Tiefen der Erde, die Eroberung der Luft und schließlich die sich türmenden Zitadellen amerikanischer Riesenstädte sind unr möglich geworden durch Stahl. Dass aber die Sendung des Stahles noch lange nicht beendet ist, dass die Weiterentwicklung der Technik bedingt ist durch eine immer zunehmende Verwendung von Stahl, das zeigt uns besonders ausschließlich das Beispiel des Stahllandes Amerika.

Bild 53.

Bild 54

Bild 53
Inneres eines Ganzstahl-Pullman-Wagens.

Bild 54
Selbstentlader Ganzstahl-Güterwagen.

Bild 55

Bild 56

Bild 55
Automobilhochstraße in New York. Ansicht gegen Süden.

Bild 56
Versuchsstraße mit Stahlunterlage bei Springfield, Ill.

Bild 57.

Bild 58.

Bild 57
Armierte Betonstraße Rhode Island.
Einlegen des geschweißten Stahldrahtgeflechtes.

Bild 58
Kanten-Stahlprofile im amerikanischen Betonstraßenbau.